LES VÉRITABLES
CLAVICULES DE SALOMON

UNICURSAL

Copyright © 2018

Éditions Unicursal Publishers

www.unicursalpub.com

ISBN 978-2-924859-65-0

Première Édition, Beltane 2018

LES
VÉRITABLES
CLAVICULES
DE
SALOMON

A MEMPHIS,
Chez ALIBECK, l'Egyptien.
1517.

GRANDE ROUE OU ASPHERE
DES PLANETTES PAR J.J.J.C.

GRIMORIUM

VERUM.

Vel probatissimè Salomonis Claviculæ Rabini Hebraïci in quibus tum naturalia tum super naturalia secreta licet abditissirna in promptu apparent, modò operator per nessaria et contenta faciat scia tamen oportet Demonum potentia dum taxat per agantur;

Traduit de l'Hébreu par PLAINGIÈRE, Jésuite Dominicain, avec un Recueil de Secrets curieux.

A MEMPHIS,
Chez ALIBECK, l'Egyptien.
1517.

GRIMORIUM

VERUM.

Il commence le *Sancturn regum*, dit le
Roi des Esprits, ou les Clavicules de
Salomon, très savant Négromantien, ou
Rabin, Hébreux. Dans la première Partie
est contenu diverses dispositions de caractères, par lesquelles sont invoquées les
Puissances, les Esprits, ou pour mieux dire,
les Diables, pour les faire venir quand il
vous plaira, chacun suivant leur puissance,
et pour les contraindre d'apporter tout ce
qu'on leur demandera, et cela sans être jamais inquiété d'aucune part, pourvu aussi
qu'ils soient contents de leur côté, parce
que ces sortes de créatures ne donnent
rien pour rien. Vous trouverez encore
dans la première partie le moyen de ren-

voyer ces Esprits, tant Aériens, Terrestres,
Marins, qu'Infernaux, comme vous verrez
et se pourra remarquer dans les moyens
qui seront enseignés.

Dans la seconde Partie.

Il est enseigné les secrets tant naturels
que surnaturels, qui s'opèrent par la puissance des Démons ; vous y trouverez aussi
la manière de s'en servir, et le tout sans
tromperie.

Dans la troisième Partie.

Vous y trouverez la clef de l'œuvre
avant la manière de s'en servir ; mais avant
d'entrer en matière, il faut vous instruire
des caractères suivants.

Commence la Clef de l'œuvre.

Il y a trois Puissances qui sont: Lucifer, Béelzébuth, Astaroth.

Tu feras graver ce présent caractère renversé en cette manière, afin que l'impression soit à l'heure marquée. *Videas et facies.*

Crede mihi, nihil præter mittendum est, voyez et agissez; croyez-moi, tout est de conséquence, il ne faut rien oublier.

Il faut que tu portes ledit caractère sur toi, si tu es mâle, dans la poche droite, *qui scribendus est proprio tuo sanguine,* ou de celui d'une tortue de mer, tu mettras aux deux demi-cercles le première lettre de ton nom et surnom, et si tu veux plus à propos, tu graveras ce caractère dans une émeraude ou rubis, car l'un et l'autre ont une grande sympathie avec les Esprits, *particulariter cum solaribus qui sunt sapientissimi et per familiare etiam atque etiam meliores aliis.*

Si tu es femme, tu le porteras du côté gauche, entre les mamelles, comme un

Reliquaire, et toujours observant, tant de l'un que de l'autre sexe, d'écrire ou de faire graver les caractères au jour et heure de Mars.

Fac, obedias spiritibus qui tibi obedient ; le prélude est expliqué, où l'on donne dans le chapitre l'explication des Esprits, ce qui est très nécessaire d'être lu et bien noté pour avoir l'intelligence de cette œuvre divine ; les Esprits qui sont puissants et exaltés, ne servent qu'à leurs confidents et amis intimes, par le pacte fait ou à faire moyennant certains caractères d'écrits à la volonté de Singambuth ou de son Secrétaire. *Caveas, lector vel operatort, ne tales Spiritus te in promptu accipiant.*

Rabidanadas duquel on vous donnera l'intelligence et la parfaite connaissance pour l'appeler, conjurer et contraindre, comme vous verrez dans la clef, où l'on vous dira ci-après de quelle manière on doit faire le pacte avec les Esprits qui viendront au caractère et au tempérament de celui qui voudra les invoquer ; on le

connaîtra très difficilement, parce que...
Sic volo, sic jubeo, sic pro ratione voluntas.

La chose obscure et difficile serait
trop claire si elle était expliquée, *non dico
per me, sed etiam per subjectos, quia illud spectat
Rabidinadap, il est, faciendum est jussu illius.*

Après cependant que tu auras offert
de l'encens fin, et que tu l'auras arrosé
ex proprio tuo cruore, sanguine, ou de celui
de chevreau mâle, *cum invocatione spirituum
orientalium* dans son lieu.

*Ut illud sit hoc in opere inclusum minimo cla-
rum in doctis,* il est certain, si tu veux prendre un peu de peine et y donner tous tes
soins, *hoc in promptis apparebit, il, etc.*

Il n'y a que deux sortes de pactes, le
tacite et l'apparent.

Tu connaîtras l'un et l'autre, pour peu
que tu veuilles faire attention à mon petit
ouvrage; sache cependant qu'il y a de plusieurs sortes d'Esprits, les uns engageants
et les autres non engageants, *sive minime.*

Ceux qui engagent, c'est lorsque tu
donnes à l'Esprit avec lequel tu fais pacte,

quelque chose qui t'appartient en propre ; c'est à quoi il faut prendre garde, *quia amicus fiet capitalis, fiet inimicus.*

A l'égard des Esprits, les uns sont *superiores et secundi inferiores.*

Titulus superiores Sunt.

Lucifer, Béelzébuth, Astaroth. *Imperator principit comes. Tres Spiritus omnia possunt.* *

Les inférieurs de Lucifer, *sunt incolæ Europæ et Asiæ, qui obediunt.* Béelzébuth *habitant Affricam, qui capiunt leges.* Astaroth habite l'Amérique, dont chacun d'eux en a deux qui commandent à leurs sujets tout ce que l'Empereur a résolu de délibérer par tout le monde, et *vice versâ jubent quæ sunt facienda.*

Les Esprits ne paraissent pas toujours sous les mêmes figures, ce n'est que lorsqu'ils sont de gage de matière secret, *ab omni materia;* il faut par conséquent qu'ils empruntent un corps pour nous apparaître, ainsi ils peuvent prendre la forme et figure que bon leur semble.

Caveas tamen ne pavescant.*

Lucifer apparaît *sub forma et figura pul-cherrima pueri. Quando irascitur, rubicundus apparet.* Il n'y a rien cependant de monstrueux dans sa figure.

Béelzébuth apparaît quelquefois sous des formes monstrueuses, comme sous la figure d'un veau monstrueux, quelquefois sous celle d'un bouc, avec une longue queue ; *attamen sæpissime apparet sub figura muscæ* d'une extrême grosseur et grandeur. *Quando irascitur, vomit fluminas et hurle sicut lupus.*

Astaroth apparet colore nigro et candido sub figura humana sæpissimè et aliquandò sub figura asini.

Voici les trois caractères de Lucifer au-dessous de son cercle.

Les suivants sont ceux de Béelzébuth et d'Astaroth, placés au-dessous de leurs propres cercles.

Il n'y a que lorsque tu les voudras invoquer, qu'il faudra les appeler avec les caractères marqués par eux-mêmes : quand tu voudras obtenir et avoir quelque chose

CARACTÈRES
DE LUCIFER

CARACTERES
DE BELZEBUTH

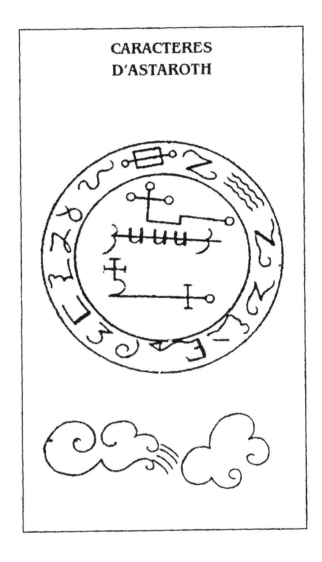

CARACTERES
D'ASTAROTH

d'eux, et les invoquer de la manière qui sera enseignée dans la troisième partie, *alitem frustrà laborares;* descendons aux inférieurs, *inferiores;* deux de Lucifer Put Satanakia et Agalierap. Ceux de Béelzébuth sont Tarchimache et Fleruty, leurs caractères sont tels.

Les deux d'Astaroth sont Sagatana, Nesbiros. Voyez leurs caractères.

Il y a encore d'autres Démons outre les susdits, qui sont sous le Duc Syrach.

Il y en a dix-huit, leurs noms sont tels :

1. Clauneck	10. Segal
2. Musisin	11. Hicpacth
3. Bechaud	12. Humots
4. Frimost	13. Frucissière
5. Klepoth	14. Guland
6. Khil	15. Surgat
7. Merfilde	16. Morail
8. Clisthert	17. Frutimière
9. Sirchacle	18. Huictiigaras

Voici leurs caractères.

Put Satanakia

Agalierap

Fleruty

Sagatana

Nesbiros

6 *Khil.*

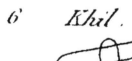

7 *Merfide.*

8 *Chistheret.*

9 *Sirchade.*

10   **S E G A L**

11   **HIEPÀCTH**

12   **HUMOTS**

13   **FRUCISSIERE**

14   GULAND

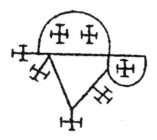

15   SURGAT

16   MORAIL

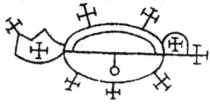

17   *Frutimiere.*

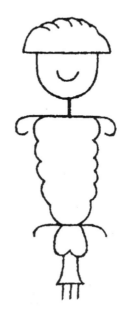

18   *Huclugaras*

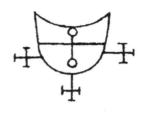

Seconde Partie des... S. S. J.

Agla* Adonay* Jevoya*.

Il y a encore d'autres Démons; mais comme n'ayant nulle puissance, nous n'en parlerons pas. Les puissances des dix-huit sont telles.

Clauneck a puissance sur les biens, sur les richesses; il peut faire trouver les trésors cachés à celui qui fait pacte avec lui; il peut donner de grandes richesses, comme étant très aimé de Lucifer. C'est lui qui fait apporter l'argent, *obedias illi, et obediet.*

Musisin a puissance sur les grands Seigneurs, il leur enseigne tout ce qui se passe dans les Républiques et celles des Alliés.

Bechaud a puissance dans les vents et tempêtes, à la foudre, grêle et de pluie; soit avec crapauds et autres choses de cette nature.

Frimost a puissance sur les femmes et les filles, et vous en fait avoir la jouissance.

Klepoth fait voir toutes sortes de dan-
ses.

Khil fait et cause de grands tremble-
ments de terre.

Merfilde a la puissance de transporter
en un instant partout où l'on veut.

Clisthert vous fait avoir le jour et la
nuit quand il lui plaît.

Sirchade a la puissance de te faire voir
toutes sortes d'animaux de quelque nature
qu'ils puissent être.

Segal fait voir toutes sortes de prodiges
et chimères, tant naturels que surnaturels.

Hicpacth vous rendra une personne
éloignée dans un instant.

Humots a puissance de t'apporter toutes sortes de livres qui te feront plaisir.

Frucissière fait ressusciter les morts.

Guland a la puissance d'exciter et causer toutes sortes de maladies, etc.

Surgat ouvre toutes sortes de serrures.

Morail a la puissance de rendre toutes
sortes de monde invisible.

Frutimière vous prépare toutes sortes de festins.

Huictiigara excite à un chacun le sommeil et les veilles, et autres insomnies fort importunes. Sous les deux Satanachia, Saticiæ, il y a quarante-cinq démons, et selon quelqu'autres cinquante-quatre, sous la puissance desquels il y en a quatre, deux principaux, et les autres ne sont pas d'une grande conséquence, les quatre sont tels.

1. Sergutthy.
2. Heramael.
3. Trimasel.
4. Sustugriel.

Ces esprits sont beaucoup nécessaires, dit soit pour ce qui se passe ; car ils agissent aisément et promptement, pourvu qu'ils soient contents de l'opérateur, c'est-à-dire, de celui qui a envie d'obtenir quelque chose d'eux.

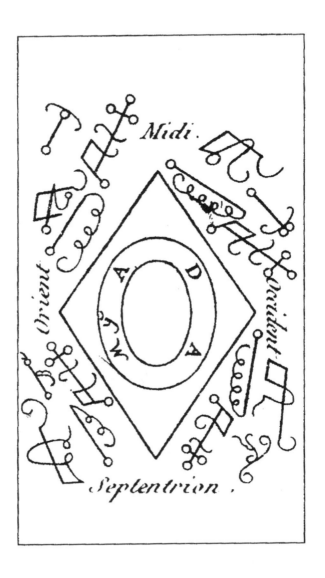

De leurs Puissances.

1. Sergutthy a la puissance sur les femmes et sur les filles, pourvu que ce soit en bonne occasion.

2. Heramael enseigne l'art de médecine, donne une connaissance parfaite de toutes maladies, avec leur entière et radicale guérison, fait connaître toutes les plantes en général, le lieu, l'endroit où elles viennent, et quand il les faut cueillir, leur vertu et leur composition pour en venir à une parfaite guérison.

3. Trimasel enseigne la chimie et tous les tours de mains, et donne le véritable secret de faire la poudre de projection, qui a la force de changer les métaux imparfaits, comme sont le plomb, le fer, l'étain et le cuivre, l'argent vif en véritable bon argent et bon or, en véritable Soleil ou Lune, selon son serment, etc.

Modò sit contentus operatoris et vice versâ.

4. Sustugriel enseigne l'art magique, et donne des esprits familiers en tout ce

que tu peux souhaiter et fait avoir des Mandragores.

Sous les deux Agalierapts et Tarihimal.

Elelogap, sa puissance est sur l'eau, son caractère est tel.

Sous les deux Nebirots il y en a deux, qui sont Hael et Sergulath.

Hael enseigne à écrire toutes sortes de lettres, et fait incontinent parler en toutes sortes de langues, et donne les explications des choses les plus cachées. Sergulath fournit toutes sortes de zéculations, et enseigne les ruses de la guerre, et le moyen de rompre les ennemis, leurs caractères sont comme ce qui suit.

Il y en a encore d'autres qui dépendent de Hael et de Sergulath, qui ont beaucoup de puissance, ils sont au nombre de huit.

1. Proculo.   5. Aglasis.
2. Haristum.   6. Sidragosum.
3. Brulefer   7. Minosons.
4. Pentagnony.   8. Bucon.

Voici leurs caractères.

Minosons. 7.

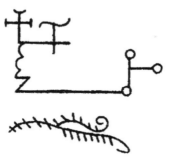

Bucons. 8.

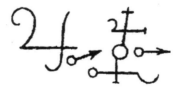

Klepoth 5.

De leurs Puissances.

1. Proculo excite à dormir pendant vingt-quatre heures, et donne connaissance des Sommisphères, etc.

2. Haristum a puissance de faire cheminer parmi les flammes sans brûlure.

3. Brulefer vous fait aimer des femmes.

4. Pentagnony a puissance de vous rendre invisible, et vous faire aimer des grands Seigneurs.

5. Aglasis vous transporte par tout le monde.

6. Sidragosum fait danser les filles toutes nues.

7. Minoson fait gagner à tous jeux.

8. Bucon a la puissance de mettre la haine et la jalousie entre l'un et l'autre sexe. C'est assez parler des Esprits, on vous donnera les conjurations et la manière de les faire venir dans cette partie qui suit.

Il faut bien observer très exactement de ne rien oublier de leurs caractères, et du temps qui sera marqué.

Troisième partie de S. S.

Invocation.

H eloy † Tau † Varaf † Panthon † Homnorcum † Elemiah † Serugeath † Agla † On † Tetragrammaton † Casily †.

Il faut faire cette invocation sur du parchemin vierge, avec le caractère qui se fait moyennant Scyrlin, duquel il est parlé au premier livre ; car d'icelui dépend tous les autres, comme messager des autres, et qui les peut contraindre de venir apparaître malgré eux, comme ayant le pouvoir de l'Empereur.

Oraison. Préparation.

S eigneur Dieu Adonay, qui a formé de rien l'homme à ton image et ressemblance ; et moi indigne pécheur que je suis, je te prie que tu daignes bénir † et sanctifier cette eau, afin qu'elle soit salutaire à mon corps et à mon âme, et que toute tromperie

sorte de moi. Seigneur Dieu tout-puissant
et ineffable, et qui a tiré ton peuple de la
terre d'Egypte, et l'a fait passer la mer rouge à pied sec, accorde-moi d'être nettoyé
par cette eau de tous mes péchés, afin que
j'apparaisse innocent devant toi. *Amen.*

On parle dans la suite de cette préparation, préparation pour l'heure du *Sanctum
Regum.*

Il est nécessaire d'avoir un couteau ou
canif, et une lancette ou burin d'acier neuf,
au jour et heure † de Jupiter, à la Lune
croissante que dessus, et étant achevé, vous
direz dessus l'Oraison ou Conjuration suivante, laquelle servira aussi pour le couteau, canif et lancette.

Conjuration.

Je te conjure, forme d'instrument N.
par Dieu le père tout-puissant, par la
vertu du Ciel et des étoiles prédominantes,
par la vertu des éléments, des pierres, des
plantes, et de tous les animaux ; par la ver-

tu des grêles et des vents, que tu reçoives une telle vertu ; que par toi nous puissions obtenir perfection de toutes choses, desquelles nous voulons arriver, et que nous prétendons faire sans mal, sans tromperie, par Dieu le créateur du Soleil des Anges. *Amen.*

Nous récitons dessus les sept Psaumes, et les paroles suivantes.

Dalmaley, Lameck, Cadat, Panola, Velous, Merroé, Lamideck, Caldulech, Anereton, Mitraton, Anges très purs, soyez les gardiens de ces instruments, ils sont nécessaires à beaucoup de choses.

Du Couteau.

Au jour et heure de Mars, à la Lune croissante, vous ferez faire un couteau d'acier neuf, qui soit d'une grosseur à pouvoir couper le cou d'un chevreau d'un seul coup, et vous lui ferez un manche de bois au même jour et heure que dessus, et avec le burin vous graverez sur ledit man-

che les caractères qui suivent ; puis l'aspergerez et fumigerez, et vous vous en servirez en tout lieu.

Manière d'asperger et fumiger.
Oraison
qu'il faut dire en aspergeant.

Au nom de Dieu immortel, que Dieu
t'asperge N. et te nettoie de toute
tromperie et de toute méchanceté, et tu
seras plus blanc que la neige. *Amen.*

Puis vous jetterez de l'eau bénite, disant Au nom du Père † et du Fils † et du
Saint-Esprit. † *Amen.*

Cette aspersion sert pour toutes les
choses nécessaires, la fumigation qui suit
de même.

Pour fumiger il faut avoir un crusol
ou un réchaud, dans lequel vous mettrez
du charbon neuf allumé, avec le feu neuf,
et que le tout soit éclairé, sur lequel vous
mettrez des aromatiques, et en parfumerez
ce que vous voudrez, disant ce qui suit.

Invocation
qu'il faut dire en fumigeant.

A nges de Dieu, soyez à notre aide, et que par vous notre œuvre s'accomplisse. Zazay, Salmay, Dalmay, Angerecton, Ledrion, Amisor, Euchey, Or. Anges grandi. Adonay soyez ici et mettez N. la vertu pour recevoir une telle forme, que par elle notre œuvre s'accomplisse. Au nom du Père † et du Fils † et du Saint-Esprit. † *Amen.*

Dites dessus les sept Psaumes, suivant les deux *Judicium tuum regida, et Laudate Dominum omnes gentes.*

De la Carte
ou Parchemin vierge.

La carte vierge se fait de plusieurs façons, communément elle se fait de peau d'agneau ou de chevreau, ou autres animaux vierges ; après cela vous l'aspergerez et graverez sur la lame Agla, après l'avoir fumigée, ou avec le burin ; que si vous ne la pouvez faire, vous en achèterez une neuve et la conjurerez, aspergerez et fumigerez trois fois. Le couteau vous servira à tout pour couper vos baguettes, et pour tout ce qui sera nécessaire. Souvenez-vous que lorsqu'on fera le sacrifice pour le parchemin vierge, il faut que tous les instruments généralement soient sur l'autel ; vous ferez un bâton de sureau qui n'ait jamais porté, et vous le couperez d'un seul coup le jour et heure de Mercure, au croissant de la Lune, et vous y graverez avec le burin, la plume ou la lancette de l'art, les caractères ici représentés.

Vous ferez un autre bâton de coudre, qui n'ait jamais porté, et qui soit sans germe, et le couperez au jour et heure du Soleil, sur lequel vous graverez ces autres caractères.

Cela étant fait, vous direz sur le bâton l'Oraison suivante.

Oraison.

Très sage, très puissant Adonay, daignez bénir, sanctifier, et conserver ce bâton ou verge, afin qu'il ait la vertu qu'il doit par toi, dont le nom est vivant pour l'éternité des siècles. *Amen.*

Ensuite aspergez et fumigez les serrures des coffres.

De la Lancette.

Il faut avoir une lancette neuve, la conjurer comme le couteau et burin, vous la ferez au jour et heure de Mercure, au croissant de la Lune, de la manière qui suit.

Vous prendrez votre chevreau et le mettrez sur un plat, de manière qu'il tourne le cou en haut, afin qu'il vous soit plus facile à couper; vous prendrez votre couteau et lui couperez le cou d'un seul coup, prononçant le nom de l'Esprit que vous voudrez invoquer; par exemple, vous direz : *Je te tue N. au nom et à l'honneur de N.*

Cela se doit entendre à tout ce que vous ferez généralement, et souvenez-vous-en bien, et prenez garde de ne pas donner deux coups, mais qu'il meure du premier ; vous l'écorcherez ensuite avec le couteau, et en l'écorchant dites l'invocation suivante.

Invocation.

Adonay, Dalmay, Lauday, Tetra-grammaton, Ancreton, Areton, et vous Saints Anges de Dieu, soyez ici, et daignez donner la vertu à cette carte, afin qu'elle soit conservée comme il faut, et que toutes choses qui y seront écrites viennent à leur perfection.

Après qu'il sera écorché, prenez du sel qui soit bien pilé, puis étendez cette peau, et jetez votre sel dessus, faites en sorte qu'il s'étende sur toute la peau, mais il faut avant avoir béni le sel comme il suit.

Exorcisme du Sel.

Je t'exorcise, créature de sel, par le Dieu vivant, par le Dieu des Dieux, et le Seigneur des Seigneurs, que toute tromperie sorte de toi, et que tu nous serves à faire la carte vierge.

Bénédiction du Sel.

Dieu des Dieux, et Seigneur des Seigneurs, qui a créé tout de rien, et a créé le sel pour le salut humain, bénissez † et sanctifiez ce sel, afin que je fasse en sorte que toutes choses qui sont en ce rond et dans icelui reçoivent la vertu qui lui est nécessaire pour produire l'effet que nous souhaitons. *Amen.*

Cela fini, mettez votre peau salée aux rayons du soleil l'espace d'un jour, ensuite ayez un vase de terre vernissé, à l'entour duquel vous écrirez avec la plume et l'encre de l'art les caractères suivants.

Mettez ensuite dans le pot de la chaux vive et de l'eau exorcisée, et pendant qu'elle est liquide, mettez votre peau dedans, et l'y laissez jusqu'à ce qu'elle pèle d'elle-même.

De l'Aspersion de l'Eau.

Seigneur Dieu, Père tout-puissant, mon repos et ma vie, aidez-moi, Père saint, parce que j'espère en vous : Dieu d'Abraham, Dieu d'Isaac, Dieu de Jacob, Dieu des Anges, Dieu des Archanges et Prophètes, Créateur de tout, je te prie très humblement par l'invocation de ton nom, quoique je sois indigne de les nommer, que tu bénisses et consacres cette eau, afin qu'en quelque lieu qu'elle soit jetée, elle rapporte le salut de nos corps, par toi Très Saint Adonay, dont le règne est sans fin.

Après que votre peau sera faite, c'est-à-dire, que le poil sera disposé à tomber de lui-même en le touchant seulement avec un doigt, tirez-la du pot et la pelez avec un couteau de bois de coudre, sur lequel vous direz les paroles suivantes.

Très Saint Adonay, mets en ce bois une telle vertu, qu'il puisse par lui nettoyer cette carte par ton saint nom Agason. *Amen.*

Cela fait, la peau étant nette, étendez-la sur un morceau de planche neuve, et vous y mettrez tout autour des pierres qui doivent être le long des rivières, sur lesquelles vous direz l'Oraison qui suit.

Oraison.

Adonay, Dieu très fort et très puissant, donnez à ces pierres qu'elles puissent étendre cette peau et ôter d'elle toute tromperie, afin que par ta puissance elle retienne la vertu que nous souhaitons. *Amen.*

Après quoi, laissez sécher la peau, et avant de la quitter, dites l'Oraison qui suit.

Oraison.

J e Agla Jod heu he Emmanuel, soyez les gardiens de cette carte ou peau, afin qu'il n'y puisse entrer aucuns fantômes en elle.

Cette Oraison finie, laissez-la ainsi à l'air jusqu'à ce qu'elle soit séchée. *Nota*, qu'il faut que l'endroit soit net ; aspergez-la avec ces saintes paroles.

Au nom de Dieu immortel, que Dieu t'asperge et te nettoie de toute tromperie et de toute méchanceté, et tu seras plus blanc que la neige. *Amen.*

Lorsqu'elle sera sèche, ôtez-la du bois et la bénissez avec la fumigation et l'aspersion, et la gardez pour l'usage. Prends garde qu'elle ne soit vue des femmes, principalement celles qui ont leurs purgations, car elle perdrait sa vertu. Il faut que celui qui fera cette carte, soit très pur et net et chaste ; vous lui ferez dire une Messe de la Nativité le jour même de la Fête ou autre jour. Notez que tous les autres instruments doivent être généralement sur l'Autel.

De l'Aspersion.

Vous ferez un aspersoir avec menthe, marjolaine et romarin, vous l'attacherez avec fil qui ait été filé par une fille vierge; vous vous en servirez en toutes vos opérations: il le faut faire au jour et heure de Mercure, la lune étant en son croissant.

Des Parfums.

Il faut se servir de bois d'Aloès, d'Encens, de Macis; quant au Macis, il ne le faut que pour parfumer le cercle, et l'on se servira des deux autres en toute autre occasion, sur lesquels parfums vous direz l'Oraison suivante.

Oraison
des Parfums aromatiques.

Dieu d'Abraham, Dieu d'Isaac, Dieu de Jacob, Dieu de nos pères, bénis cette carte et augmente la force de ses odeurs, afin qu'elle reçoive en elle la vertu d'attirer les Esprits que j'invoquerai, et que toute tromperie sorte d'elle par toi † Très Saint Prince Adonay, qui règnes sans fin. *Amen.*

Bénédiction
des Parfums aromatiques et odeurs.

Daignez, Seigneur, bénir et sanctifier cette créature odeur, afin qu'elle nous soit un remède salutaire, qu'elle nous apporte le salut à nos corps et à nos âmes par ton aide, Seigneur Adonay, Dieu qui règnes par les infinis siècles. *Amen.*

De la Plume.

Vous aurez une plume neuve que vous aspergerez et fumigerez comme les autres choses, et lorsque vous la taillerez, dites les paroles suivantes, la tenant dans la main :

Ababaloy, Samoy, Escavor, Adonay.

J'ai ôté de cette plume toute tromperie et fait qu'elle retienne en soi efficacement vertu pour toutes les choses nécessaires à servir à cet art, tant opérations, que caractères et conjurations. *Amen.*

Du Cornet pour l'encre.

Vous achèterez un cornet ou écritoire au jour et heure de Mercure ; à la même heure vous écrirez tout autour les noms de Dieu qui suivent.

Jod, He, Va, Hemitreton, Jod, Cados, Eloym, Sabaoth ; ensuite vous y mettez de l'encre neuve, après l'avoir exorcisée comme il suit.

Exorcisme de l'Encre.

Je t'exorcise, créature encre, par Anston, Cerreton, Stimulator, Adonay, et par le nom de celui qui d'un seul mot a tout créé et peut tout, afin que tu m'aides à mon œuvre, et que par mon vouloir puisse s'accomplir et achever mon œuvre par la permission de Dieu qui règne sans fin par tous les siècles des siècles. *Amen.*

Bénédiction de l'Encre.

Seigneur Dieu tout-puissant, qui régis toutes créatures qui règnent durant toute l'éternité, et qui fais des choses merveilleuses sur les créatures, donne-nous la grâce de ton Saint-Esprit par le moyen de cette encre ; bénissez-la † sanctifiez-la † et lui donnez une force toute particulière, afin que tout ce qui est dit, souhaitons faire et écrire avec icelle, réussisse par toi, Très Saint Prince Adonay. *Amen.*

Ensuite aspergez, fumigez et exorcisez. Il faut que celui qui veut opérer, observe que lorsqu'on aura bien disposé toutes choses sans y rien omettre, il faut qu'il se prépare lui-même à la manière qui suit ; il faut qu'il jeûne trois jours de suite très austèrement, qu'il fuie, autant qu'il pourra, les compagnies et autres conversations humaines, particulièrement les femmes, qu'il soit retiré, et que tous les matins, à son lever, il se lave les mains et le visage, prononçant l'Oraison suivante.

Oraison préparatoire.

Seigneur Dieu Adonay, qui as formé de rien l'homme à ton image et ressemblance ; c'est moi, indigne pécheur que je suis, qui te prie que tu daignes bénir † et sanctifier cette eau, afin qu'elle soit salutaire à mon corps et à mon âme, et que toute tromperie sorte de moi, Seigneur Dieu tout-puissant et ineffable, qui as tiré ton peuple de la terre d'Egypte et l'as fait passer la mer rouge à pied sec, accorde-moi d'être nettoyé par cette eau de tous mes péchés, afin que je paraisse innocent devant toi. *Amen.*

AVIS.

Il faut que cette eau soit de celle qui est exorcisée ci-devant où tu mets ta chaux, ensuite vous vous essuyerez les mains et le visage avec un linge blanc et net, et sache et resache qu'il est nécessaire et très nécessaire de s'abstenir par trois jours de pécher, et surtout mortellement, autant que l'humaine fragilité peut, et principalement garde la chasteté. Durant les trois jours, applique-toi à l'étude du livre, car il est certain que si tu y prends un peu de soin, tu le comprendras aisément, quoique je ne l'aie pas expliqué par mots exprès, afin que cela ne fût vulgaire ; car les margueri-tes ne sont pas pour les pourceaux ; mais bien pour ceux qui savent faire le salut de leurs âmes, aussi bien que celui du corps, et toujours être secret et ne manifester à aucuns, de peur qu'il ne te soit chute. Or donc, pour y parvenir, il faut lire et relire jusqu'à ce que tu l'entendes ; car il te doit suffire quand je te dis que je ne l'ai pas voulu expliquer par exprès, et que c'est assez que le tout soit renfermé dans cet ouvrage; attache-toi aux invocations, de peur qu'il ne te manque de mémoire dans le temps de l'opération, et que tu aies la pratique, en récitant chaque jour plusieurs fois l'Oraison qui suit. Une à Prime, deux fois à l'heure de Tierce, trois fois à l'heure de Sexte, quatre fois à l'heure de None, cinq fois à l'heure de Vêpres, et six fois avant de te coucher; il faut remarquer que ces heures sont planétaires et iné-gales. Prime se prend au lever du soleil, Tierce trois heures après, Sexte à la moitié du jour; None les trois quarts du jour, et Vêpres à la fin du jour, c'est pourquoi il se faut régler là-dessus.

Oraison.

Astrachios, Asach, Asarca, Abedumabal, Silat, Anabotas, Jesubilin, Scingin, Géneon, Domol, Seigneur Dieu, qui êtes sur les cieux, et qui regardes les abîmes, je te prie daigner m'accorder pouvoir, concevoir en mon esprit et exécuter ce que je désire faire, et dont je veux venir à bout par ton aide, Dieu tout-puissant, qui vis et règnes par tous les siècles des siècles. *Amen.*

Cela tout bien fait, il ne reste plus qu'à suivre vos invocations et à former vos caractères, et pour cet effet vous ferez comme il suit.

Au jour et heure de Mars, la lune étant en son croissant, et la première heure du jour, qui est un quart d'heure avant le lever du soleil, vous préparerez un morceau de parchemin vierge, où il puisse entrer tous les caractères et contenir les invocations des Esprits que vous voudrez invoquer; par exemple, au jour et heure ci-dessus, vous vous attacherez le petit doigt de la main qui est le doigt de Mercure avec du fil filé par une fille vierge, et vous vous percerez le doigt avec la lancette de l'art pour en avoir du sang avec lequel vous formerez vos caractères Scirlin, comme il est marqué au commencement de cet ouvrage, puis écrire par-dessus son invocation, qui est celle qui suit.

Invocation à Scirlin.

Helon † Taul † Varf † Pan † Heon † Homonoreum † Clemialh † Serugeath † Agla † Tetragrammaton † Casoly.

Voyez son cerne et son caractère en la première partie.

Il faut écrire la première lettre de ton nom où est la lettre A, et celle de ton surnom où est la lettre B, qui est l'Esprit Aglassis à qui appartient le caractère qui est très prompt à vous rendre service, et vous fait avoir la puissance sur les autres Esprits, ce qu'ayant fait et dit, ferez (faire) au-dessus le caractère de l'Esprit que vous désirez faire venir, et brûlez de l'encens à leurs honneurs, ensuite écrire la conjuration qui s'adressera à l'Esprit que vous voulez faire apparaître, et brûlerez de l'encens à son honneur.

Conjuration à Lucifer.

Lucifer † Ouyar † Chameron † Aliseon † Mandousin † Premy † Oriet † Naydrus † Esmony † Eparinesont † Estiot † Dumosson † Danochar † Casmiel † Hayras † Fabelleronthon † Sodirno † Peatham † *Venite* Lucifer. † *Amen.*

Conjuration à Béelzébuth.

Béelzébuth † Lucifer † Madilon † Solymo † Saroy † Theu † Ameclo † Segrael † Praredun † Adricanorom † Martiro † Timo † Cameron † Phorsy † Metosite † Prumosy Dumaso † Elivisa † Alphrois † Fubentroty † *Venite* Béelzébuth. *Amen.*

Conjuration à Astaroth.

Astaroth † Ador † Cameso † Valuerituf † Mareso † Lodir † Cadomir † Aluiel † Calniso † Tely † Pleorim † Viordy †

Cureviorbas † Cameron † Vesturiel †
Vulnavij † Benez † meus Calmiron †
Noard † Nisa Chenibranbo Calevodium
† Brazo † Tabrasol † *Venite* † Astaroth. †
Amen.

Après avoir dit sept fois la conjuration
qui s'adresse à un des Esprits supérieurs,
aussitôt il vous apparaîtra pour faire ce
que vous désirerez.

Nota. Qu'il faut écrire telle conjuration
sur du papier vierge ou sur du parchemin
auparavant que d'invoquer les Esprits; et
étant satisfait, vous les renverrez, en leur
disant ce qui suit.

RENVOI.

Ite in pace ad loca vestra et pax sit inter
vos redituri ad mecum vos invocavero,
in nomine Patris † et Filii † et Spiritus
sancti. † *Amen.*

Conjuration
aux Esprits inférieurs.

O surmy † Delmusan † Atalsloym †
Charusihoa † Melany † Liamintho
† Colehon † Paron † Madoin † Merloy †
Bulerator † Donmeo † Hone † Peloym
† Ibasil † Meon † Alymdrictels † Person
† Crisolsay † Lemon Sesle Nidar Horiel
Peunt † Halmon †

Asophiel † Ilnostreon † Baniel †
Vermias † Eslevor † Noelma † Dorsamot
† Lhavala † Omot † Frangam † Beldor †
Dragin † *Venite* †.

Au lieu de la lettre N, vous mettrez le
nom de l'Esprit que vous voulez faire venir, il vous apparaîtra et vous accordera ce
que vous voudrez après quoi vous le renverrez par les paroles suivantes.

RENVOI.

Allez en paix N. d'où vous venez, que la paix soit avec vous, et que vous veniez toutes les fois que je vous appellerai. Au nom du Père † et du Fils † et du Saint-Esprit. † *Amen.*

Il faut brûler les deux caractères, parce qu'ils ne servent qu'une fois.

Autre Conjuration.

Je te conjure N. par le grand Dieu vivant, souverain créateur de toutes choses, que tu aies à paraître sous une forme humaine, belle et agréable, sans bruit et sans frayeur, pour répondre juste dans toutes les interrogations que je te ferai je t'en conjure par la vertu de ces saints et sacrés noms.

Oraison
des Salamandres.

Immortel, éternel, ineffable et sacré Père de toutes choses, qui es porté sur le chariot roulant sans cesse des mondes qui tourne toujours ; dominateur des campagnes Ethériennes où est élevé le trône de ta puissance, du haut duquel tes yeux redoutables découvrent tout et tes saintes oreilles écoutent tout, exauce tes enfants que tu as aimés dès la naissance des siècles ; car ta dorée et grande et éternelle majesté resplendit au-dessus du monde, du ciel et des étoiles : tu es élevé sur elles, ô feu étincelant, et tu t'allumes et t'entretiens toi-même par ta propre splendeur, et il sort de ton essence des ruisseaux intarissables de lumière qui nourrissent ton esprit infini ; cet esprit infini produit toutes choses, et fait ce trésor inépuisable de matière qui ne peut manquer à la génération qui l'environne toujours, à cause des formes sans nombre dont elle est enceinte, et dont tu l'as rempli au commencement. De cet esprit tirent aussi leur origine ces Rois très saints qui sont debout autour de ton trône et qui composent ta cour, ô Père universel! ô unique, ô Père des bienheureux mortels et immortels! Tu as créé en particulier des puissances qui sont merveilleusement semblables à ton éternelle pensée et à ton essence adorable. Tu les as établies supérieures aux anges qui annoncent au monde tes volontés. Enfin, tu nous as créé une troisième sorte de souverains dans les éléments. Notre continuel exercice est de te louer et d'adorer tes désirs. Nous brûlons du désir de te posséder, ô Père, ô Mère, la plus tendre des Mères! ô exemplaire admirable des sentiments et de la tendresse des Mères! ô Fils, la fleur de tous les Fils! ô forme de toutes les formes! Ame, esprit, harmonie, et nombre de toutes choses, conserve-nous et nous sois propice. *Amen.*

Pentacules
ou les trois Anneaux
de Salomon, fils de David.

J'ai voulu mettre ici la figure et forme du Pentacle de Salomon, afin que vous en preniez les arrangements dans icelui, nous étant d'une grande importance.

Procédé.

Quand vous aurez fait votre cercle, avant que d'entrer dedans, il faut le parfumer avec du musc, ambre, bois d'aloes et de l'encens; et pour le parfum qu'il vous faudra pendant les invocations, ce ne sera que de l'encens; il faut observer que vous ayez toujours du feu pendant que vous invoquerez, et lorsque vous parfumerez, ce sera au nom de l'Esprit que vous voudrez invoquer, aussi bien que toutes les fois que vous mettrez du parfum au feu, dites : je brûle ce N. au nom et à l'honneur de N. Il faut en invoquant tenir votre invocation de la main gauche, et à la droite la baguette de sureau, et l'aube et le couteau seront à vos pieds ; cela étant fait, vous vous mettrez dedans ; si vous avez compagnie, ceux qui vous accompagnent en tiendront un de chaque main ; étant dedans, vous tracerez votre cerne avec le couteau de l'art, et vous passerez vos baguettes l'une après l'autre, en disant le Psaume cinquante, savoir, le *Miserere meî* ; lorsque le cerne sera fait, parfumez-le et l'aspergez avec de l'eau bénite ; après avoir mis les caractères aux quatre coins, il faut défendre aux Esprits en termes formels d'entrer dans le dedans, après quoi vous commencerez vos invocations, que vous réitérerez sept fois de suite ; et lorsque l'Esprit sera apparu, tu lui feras signer le caractère que tu tiendras en ta main, avec promesses de venir toutes les fois que tu l'appelleras, et tu lui demanderas ce que tu voudras et tout ce que tu peux juger d'être à propos, et lorsque tu seras satisfait, tu le renverras comme il suit, disant :

Ite in pace ad loca vestra, et pax, sit inter vos redituri ad mecum vos invocavero. In nomine Patris † et Filii et Spiritûs Sancti, Amen.

Secrets Magiques, Rares et Surprenants.

Manière de faire
le Miroir de Salomon,
propre à toutes divinations.

Au nom du Seigneur. Ainsi soit-il. Vous verrez dans ce miroir toutes les choses que vous souhaiterez. Au nom du Seigneur qui est béni.

Premièrement, vous ne commettrez aucunes actions charnelles de fait ni de pensées pendant le temps prescrit ci-dessous.

Secondement, vous ferez beaucoup de bonnes œuvres de piété et de miséricorde.

Troisièmement, prenez une plaque luisante et bien polie de fin acier, qui soit un peu concave, et écrivez dessus avec du sang de pigeon blanc aux quatre coins les noms de Jehova, Eloym, Metraton, Adonay, et mettez ledit acier dans un linge net et blanc; lorsque vous apercevrez la Lune nouvelle à la première heure après le Soleil couché, approchez-vous d'une fenêtre, regardez le Ciel avec dévotion, et dites: ô Eternel! ô Roi éternel! Dieu ineffable, qui avez créé toutes choses pour l'amour de moi, et par un jugement occulte pour la santé de l'homme, regardez-moi... N... votre serviteur très indigne et mon intention; et daignez m'envoyer votre ange Anaël sur ce miroir, qui mande, commande et ordonne à ses compagnons et à vos sujets que vous avez faits, ô tout-puissant, qui avez été, qui êtes, et qui serez éternellement; qu'en votre nom ils jugent et agissent dans la droiture, pour m'instruire et me montrer ce que je leur demanderai.

Ensuite jetez sur des charbons ardents du parfum convenable, et en jetant, dites: en ce, par ce, et avec ce, que je verse devant votre face, ô mon Dieu, qui êtes trin et un béni et dans la plus sublime élévation, qui voyez au-dessus des chérubins et des séraphins, et qui devez juger le siècle par

le feu, exaucez-moi. Dites ceci trois fois ;
et après l'avoir dit, soufflez autant de fois
sur le miroir, et dites : venez, Anaël, venez,
et que ce soit votre bon plaisir d'être avec
moi par votre volonté, au nom du † Père
très puissant, au nom † du Fils très sage,
au nom † du Saint-Esprit très aimable ; venez, Anaël, au nom du terrible Jehovah,
venez, Anaël, par la vertu de l'immortel
Elohim, venez, Anaël, par le bras du tout-
puissant Metraton, venez à moi... N... (dites votre nom sur le miroir) et comman-
dez à vos sujets qu'avec amour, joie et paix
ils fassent voir à mes yeux les choses qui
me sont cachées. Ainsi soit-il. *Amen.*

Après avoir dit et fait ce que dessus,
élevez les yeux vers le ciel, et dites :

Seigneur tout-puissant, qui faites mou-
voir tout ce qui vous plaît, exaucez ma
prière, et que mon désir vous soit agréable ; regardez, s'il vous plaît, Seigneur, ce
miroir et bénissez-le, afin qu'Anaël, l'un
de vos sujets, s'arrête sur lui avec ses compagnons, pour satisfaire à moi N. votre

pauvre et misérable serviteur, ô Dieu béni et exalté de tous les Esprits célestes, qui vivez et régnez dans tous les siècles. Ainsi soit-il.

Quand vous aurez fait ces choses, faites le signe de la croix sur vous et sur le miroir le premier jour et les suivants, pendant quarante-cinq jours de suite, à la fin desquels Anaël apparaîtra sous la figure d'un bel enfant, vous saluera et commandera à ses compagnons de vous obéir.

Remarquez qu'il ne faut pas toujours quarante-cinq jours pour faire le miroir, souvent il apparaît le quatorzième jour, suivant l'intention, la dévotion et la ferveur de l'opérant. Lorsqu'il vous apparaîtra, demandez-lui ce que vous souhaiterez, et priez-le d'apparaître toutes les fois que vous l'appellerez pour vous accorder vos demandes.

Lorsque vous souhaiterez voir dans ce miroir et obtenir ce que vous voudrez, il n'est pas nécessaire de réciter toutes les Oraisons susdites : mais l'ayant parfumé,

dites comme dessus venez, Anaël, venez
sous votre bon plaisir, etc. jusqu'à *Amen*.

Pour le renvoyer, dites :

J e vous remercie, Anaël, de ce que vous
êtes venu et que vous avez satisfait à
ma demande : allez-vous en en paix, et venez lorsque je vous appellerai.

Le parfum d'Anaël est safran.

*Divination
par la parole d'Uriel.*

P our réussir dans cette opération, il faut
que celui qui veut faire l'expérience,
observe exactement ce qui suit.

Qu'il choisisse une petite chambre ou
cabinet qui n'ait pas été fréquenté des femmes impures au moins depuis neuf jours,
que ce lieu soit bien nettoyé et consacré
par aspersions et encensements, comme
nous avons dit ci-dessus ; il y aura dans
le milieu de cette chambre une table cou-

verte d'une serviette blanche, et on posera dessus ce qui suit, une fiole de verre neuf, remplie d'eau de fontaine, tirée un peu avant l'opération, trois petits cierges de cire vierge, mêlée de graisse humaine, un morceau de parchemin vierge d'un demi-pied en carré, une plume de corbeau prête à écrire, un cornet de faïence avec de l'encre dedans qui soit neuve, un petit fusil garni pour faire du feu : un des trois cierges sera derrière encloué dans une grosse aiguille neuve à demi-pied de distance de la fiole, et les deux autres cierges à droite et à gauche, aussi fichés dans des aiguilles à pareille distance : en disposant ces choses, il faudra dire les paroles suivantes.

Gabamiah, Adonay, Agla, Domine Deus virtutum adjuva nos. Le parchemin vierge doit être au côté droit de la fiole, et la plume et l'encre à gauche, Avant que de commencer l'opération, il faut fermer les fenêtres et la porte, puis battre le fusil et allumer les trois petits cierges. Puis le maître de l'opération regardera fixement la

fiole en approchant son oreille droite, et
d'un ton de voix médiocre et le plus dis-
tinctement qu'il pourra, il dira la conjuration suivante.

Uriel, Seraph, Josata, Ablati, Agla,
Caila, je te prie et conjure par les quatre
paroles que Dieu dit de sa bouche à son
serviteur Moyse, Josata, Ablati, Agla, Caila
et par les neuf cieux où tu habites, que sans
aucun délai tu aies à paraître visiblement
dans cette fiole, pour découvrir la vérité
que je souhaite savoir sans déguisement ;
ce qu'ayant exécuté, je te congédierai en
paix et bonne amitié, au nom du très saint
Adonay. Après cette conjuration, on véri-
fie si l'on voit quelque chose dans la fiole,
et si l'on y voit un ange ou autre chose,
le Directeur de l'opération dira d'un ton
de voix affable : heureux Esprit, soyez le
bienvenu ; je vous conjure derechef, au
nom du très saint Adonay, de me donner
un prompt éclaircissement sur, etc.

Et si par des raisons à nous inconnues, vous ne voulez pas le faire de vive voix, je vous conjure, au nom du très saint Adonay, que vous l'écriviez sur le présent parchemin vierge entre ci et demain matin, ou au moins de me le révéler la nuit prochaine durant mon sommeil. Si l'Esprit répond à ce qu'on lui propose, on l'écoutera respectueusement ; que s'il ne parle point après avoir fait trois fois la même supplication, on éteindra les bougies, et on se retirera hors de la chambre, dont on fermera la porte jusqu'au lendemain matin que l'on reviendra, et l'on trouvera ce que l'on souhaite écrit sur le parchemin vierge, s'il n'a point été révélé la nuit.

Divination par l'œuf.

L'opération de l'œuf est pour savoir ce qui doit arriver à quelqu'un qui est présent lors de l'opération on prend un œuf d'une poule noire, pondu du jour, on le casse et on en tire le germe. Il faut avoir un grand verre bien fin et bien net, l'emplir d'eau bien claire et y mettre le germe de l'œuf ; il faut poser ce verre au soleil à midi dans l'été, et le Directeur de l'opération récitera les oraisons et conjurations du jour [telles qu'elles se trouvent dans les clavicules de Salomon, où nous traitons amplement des Esprits aériens], et avec le doigt index remuera l'eau du verre pour faire tourner le germe, on le laissera reposer un instant et on regardera au travers le verre, sans le toucher, et on y verra ce qui aura rapport à celui ou celle pour qui l'opération se fait et il faut tâcher que ce soit un jour de travail, parce qu'alors les objets s'y présentent dans leurs occupations ordinaires. Si l'on veut voir si un garçon ou une fille a son pucelage, le germe tombera au fond ; s'il ne l'a pas, il représentera comme à l'ordinaire.

Pour voir les Esprits
dont l'air est rempli.

Prenez la cervelle d'un coq, de la poudre du sépulcre d'un homme mort,
c'est-à-dire, de poussière qui touche le
coffre, de l'huile de noix, de la cire vierge ;
faites du tout une composition, que vous
envelopperez dans du parchemin vierge,
dans lequel seront écrits ces deux mots
Gomert, Kailoeth, avec le caractère ici
présent *de la seconde ligne* ; brillez le tout, et
vous verrez des choses prodigieuses mais
ceci ne doit être fait que par des gens qui
n'ont peur de rien.

Pour faire venir trois Demoiselles ou trois
Messieurs dans sa chambre après souper.

Préparation.

Il faut être trois jours sans tirer de mercure, et vous lèverez ; le quatrième, vous
nettoyerez et préparerez votre chambre

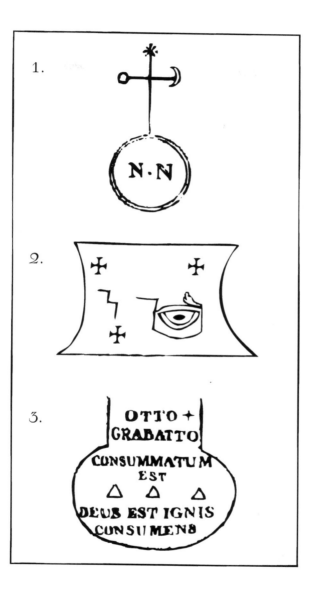

dès le matin, sitôt que vous serez habillé, le tout à jeun, et vous ferez en sorte qu'on ne la gâte point dans le reste de la journée, et vous remarquerez qu'il faut qu'il n'y ait rien de pendu ou de croché, comme tapisseries, habits, chapeaux, cages à oiseaux, rideaux de lit, etc., et surtout mettez des draps blancs à votre lit.

Cérémonie.

A la fin du souper, va secrètement à ta chambre préparée comme dessus; fais bon feu, mets une nappe blanche sur la table, trois chaises autour, et vis-à-vis des sièges, trois pains de froment et trois verres pleins d'eau claire et fraîche, puis mets une chaise ou un fauteuil à côté de ton lit, ensuite couche-toi et dis les paroles suivantes.

CONJURATION.

Besticitum consolatio veni ad me vertut Creon, Creon, Creon, cantor laudem omnipotentis et non commentur. Stat superior carta bient laudem omviestra principiem da montem et inimicos meos ô prostantis vobis et mihi dantesque passium fieri suicisibus.

Les trois personnes étant venues s'assieront auprès du feu, buvant, mangeant, et puis remercieront celui ou celle qui les aura reçus; car si c'est une Demoiselle qui fait cette cérémonie, il viendra trois Messieurs; et si c'est un homme, il viendra trois Demoiselles. Ces trois personnes tireront au sort entre elles pour savoir celle qui demeurera avec toi; elle se mettra dans le fauteuil ou la chaise que tu leur auras destiné auprès de ton lit, et elle restera à causer avec toi jusqu'à minuit, et à cette heure elle s'en ira avec ses compagnes, sans qu'il soit besoin de les renvoyer. A l'égard des deux autres, elles se tiendront auprès du feu pendant que l'autre t'entretiendra; et pendant qu'elle sera avec toi, tu peux l'interroger sur tel art ou telle science et telle chose que tu voudras, elle te rendra sur le champ réponse positive. Tu peux aussi lui demander si elle sait quelque trésor caché, et elle t'enseignera le lieu, la place et l'heure commode pour le lever, même s'y trouvera avec ses compagnes, pour te défendre contre les atteintes des Esprits infernaux qui pourraient en avoir la possession; et en partant d'auprès de toi, elle te donnera un anneau qui te rendra fortuné au jeu en le portant à ton doigt; et si tu le mets au doigt d'une femme ou fille, tu en jouiras sur le champ.

Nota. Que tu dois laisser ta fenêtre ouverte, afin qu'elle puisse entrer. Tu pourras répéter cette même cérémonie tant de fois que tu voudras.

Pour faire venir une fille vous trouver,
si sage qu'elle soit, expérience d'une force
merveilleuse des intelligences supérieures.

Il faut remarquer au croissant ou au dé-
cours de la lune, une étoile entre onze
heures et minuit : mais avant de commencer, faites ce qui suit. Prenez du parchemin
vierge, écrivez dessus le nom de celle que
vous voulez faire venir ; il faudra que le
parchemin soit taillé de la façon représentée première ligne de la présente figure.

Les deux NN. marquent la place des
noms, de l'autre côté vous écrirez ces
mots : Melchiael, Bareschas ; puis vous
mettrez votre parchemin par terre, le nom
de la personne contre terre, le pied droit
dessus et le genou gauche à terre ; alors
regardant la plus brillante étoile, il faut tenir en main droite une chandelle de cire
blanche qui puisse durer une heure, vous
direz la salutation suivante.

Conjuration.

Je te salue et conjure, ô belle lune et belle étoile, brillante lumière que je tiens à ma main, par l'air que je respire, par l'air qui est en moi, par la terre que je touche. Je vous conjure, par tous les noms des Esprits princes qui président en vous, par le nom ineffable ON qui a tout créé, par toi, bel ange Gabriel, avec le prince Mercure, Michiael et Melchidael. Je vous conjure derechef par tous les divins noms de Dieu, que vous envoyez obséder, tourmenter, travailler le corps, l'esprit, l'âme et les cinq sens de nature de N., dont le nom est écrit ci-dessous, de sorte qu'elle vienne vers moi, et qu'elle accomplisse ma volonté, et qu'elle n'ait d'amitié pour personne du monde, spécialement pour N.: tant qu'elle aura d'indifférence pour moi, qu'elle ne puisse durer, qu'elle soit obsédée, souffre et tourmentée. Allez donc promptement, Melchidael, Baresches, Zazel, Firiel, Malcha, et tous ceux qui sont sans vous: je vous conjure, par le grand Dieu vivant, de l'envoyer promptement pour accomplir ma volonté, et moi N. je promets de vous satisfaire. Après avoir prononcé trois fois cette conjuration, mettez la bougie sur le parchemin, et la laissez brûler; le lendemain prenez ledit, parchemin, et le mettez dans votre soulier gauche, et l'y laissez jusqu'à ce que la personne pour laquelle vous avez opéré, soit venue vous trouver il faut spécifier, dans la conjuration, le jour que vous souhaitez qu'elle vienne, et elle n'y manquera pas.

Pour éteindre le feu d'une cheminée.

Faites sur la cheminée avec un charbon les caractères et mots de la troisième ligne de la planche ci-devant, et prononcez trois fois les paroles qu'elle contient.

Pour se rendre invisible.

On commence cette opération par un Mercredi avant soleil levé, étant muni de sept fèves noires. Puis on prend une tête de mort, on en met une dans la bouche, deux autres dans les narines, deux autres dans les yeux et deux dans les oreilles : on fait ensuite sur cette tête le caractère de la présente figure, ligne première ; puis on enterre cette tête la face vers le ciel ; arrosez-la pendant neuf jours avec d'excellente eau-de-vie, le matin avant soleil levé. Au huitième jour, vous y trouverez l'Esprit ajourné, qui vous demandera : que fais-tu là ? Vous lui répondrez : j'arrose ma plante. Il vous dira : donne-moi cette bouteille, je l'arroserai moi-même : vous lui répondrez que vous ne voulez pas : il vous la redemandera encore, vous la lui refuserez, jusqu'à ce que tendant sa main, vous lui verrez dedans la figure semblable à celle que vous avez faite sur la tête qui sera pendante au bout de ses doigts. En ce cas vous devez être assuré que c'est l'esprit véritable de la tête ; car quelqu'un d'autre vous pourrait surprendre, dont il vous arriverait mal, et votre opération deviendrait infructueuse. Quand vous lui aurez donné votre fiole, il arrosera lui-même, et vous vous en irez. Le lendemain, qui est le neuvième jour, vous y retournerez, vous y trouverez vos fèves mûres : vous les prendrez : vous en mettrez une dans votre bouche, puis vous vous regarderez dans un miroir ; si vous ne vous y voyez pas, elle sera bonne. Vous en ferez de même de toutes les autres ; toutes celles qui ne vaudront rien, doivent être enterrées où est la tête.

Pour avoir de l'or et de l'argent,
ou main de gloire.

Arrachez le poil avec sa racine d'une jument en chaleur, le plus près possible de la nature, disant : Dragne, Drague, Dragne. Serrez ce poil, allez aussitôt acheter un pot de terre neuf avec son cou-

vercle sans marchander. Retournez chez
vous, emplissez ce pot d'eau de fontaine
à deux doigts près du bord, mettez ledit
poil dedans, couvrez le pot, mettez-le en
lieu que vous ni autres ne le puissent voir;
car il y aurait du danger. Au bout de neuf
jours, et à la même heure que vous l'avez
caché, vous irez le découvrir, vous y trouverez dedans un petit animal en forme
de serpent, il se dressera debout. Vous
lui direz aussitôt: j'accepte le pacte. Cela
fait, vous le prendrez sans le toucher de
la main: vous le mettrez dans une boîte
neuve achetée exprès sans marchander;
vous y mettrez du son de froment, point
autre chose, mais il ne faut pas manquer
de lui en donner tous les jours; et quand
vous voudrez avoir de l'argent ou de l'or,
vous en mettrez dedans la boîte autant
que vous en voudrez avoir, et vous coucher sur votre lit, mettant votre boîte près
de vous: dormez, si vous voulez, trois ou
quatre heures. Au bout de ce temps, vous
trouverez le double d'argent que vous y

1.

2.

3.

✛ GASPARD   ✛ MELCHIOR

MALHA  KARD

✛ BALTASARD   ✛ MELEHIOR

GAS   PARD

aurez mis; mais il faut prendre garde de remettre le même.

Notez que la première figure, ligne seconde, ne vient que par la force du charme; ainsi vous ne pouvez pas lui mettre plus de cent livres à la fois. Mais si votre planète vous donne ascendant sur les choses surnaturelles, le serpent sera de la façon de la seconde figure de la même ligne que dessus, c'est-à-dire, qu'il aura un visage approchant de la figure humaine, et vous pourrez lui mettre jusqu'à mille livres; tous les jours vous en retirerez le double. Si on voulait s'en défaire, on peut le donner à qui on voudra, pourvu qu'il l'accepte, mettant la figure que l'on a avec une croix, représentée à la même ligne, faite sur du parchemin vierge dans la boîte; où au lieu de son ordinaire de froment qu'on lui donne communément, il faudra lui donner du son sorti de la farine, dont un Prêtre aura dit sa première Messe, et il mourra: surtout, n'oubliez aucunes circonstances, car il n'y a point de raillerie à cette affaire.

Jarretière pour la Marche.

Sors de ta maison à jeun, marche à ta gauche, jusqu'à ce que tu aies trouvé un marchand de rubans; achètes-en une aune de blanc: paie ce que l'on te demandera, et laisse tomber un liard dans la boutique; retourne chez toi par le même chemin; le lendemain fais de même, jusqu'à ce que tu aies trouvé un marchand de plumes; achètes-en une taillée, de même que tu as acheté le ruban; et quand tu seras au logis, écris de ton propre sang sur le ruban les caractères de la troisième ligne de la planche ci-dessus, c'est la jarretière droite; ceux de la quatrième sont pour la gauche. Quand cela sera fait, sors de ta maison; le troisième jour porte ton ruban et ta plume, marche à gauche jusqu'à ce que tu trouves un pâtissier ou un boulanger; achète un gâteau ou pain de deux liards; va au premier cabaret, demande demi-setier, fais rincer le verre trois fois par la même personne; romps en trois le gâteau ou le pain; mets les trois morceaux dans le verre avec le vin; prends le premier morceau et le jette sous la table sans y regarder, disant: Irly, pour toi. Prends ensuite le second morceau et le jette, disant: Terly, pour toi. Ecris de l'autre côté de la jarretière le nom de ces deux Esprits avec ton sang; jette le troisième morceau, disant: Erly, pour toi. Jette la plume, bois le vin sans manger, paye l'écot et t'en va. Etant hors de la ville, mets tes jarretières; prends garde de te méprendre, de ne pas mettre celle qui est pour la droite à la gauche, cela est de conséquence. Frappe trois fois du pied contre terre, en réclamant les noms des Esprits, Irly, Terly, Erly, Baltazard, Melchior, Gaspard, marchons; puis fais ton voyage.

Pour voir dans une vision ce que vous désirez savoir du passé ou de l'avenir.

L es deux NN. que vous voyez dans le petit rond de la présente seconde fi-

2.

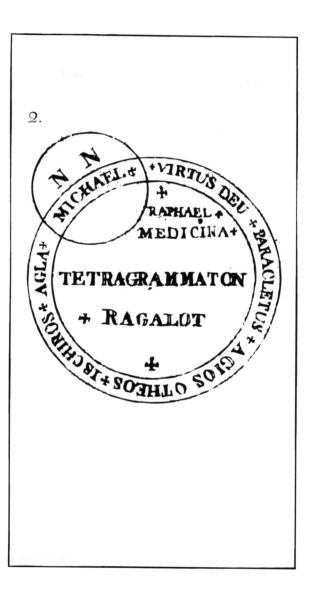

gure, marquent la place où il faut mettre votre nom ; et pour savoir ce que vous désirez, écrivez les noms qui sont dans la cercle sur du parchemin vierge, le tout avant de dormir, et le mettez sous votre oreille droite en vous couchant, disant trois fois l'Oraison suivante.

Oraison.

O glorieux nom du grand Dieu vivant, auquel de tout temps toutes choses sont présentes, moi qui suis votre serviteur N., Père Eternel, je vous supplie de m'envoyer vos saints Anges qui sont écrits dans le cercle, et qu'ils me montrent ce que je suis curieux de savoir et apprendre, par Jésus-Christ Notre Seigneur. Ainsi soit-il. Votre Oraison finie, couchez-vous sur le côté droit, et vous verrez en songe ce que vous désirez.

FIN.

TABLE.

SECRETS MAGIQUES, RARES ET SURPRENANTS.

Made in United States
Orlando, FL
31 January 2022

14253650R00052